PÈLERINAGE

DE

SAINT BERTHAULD

A Chaumont-Porcien

Litanies — Prière — Cantique

Appr. par Mgr l'Arch. de Reims.

IMPRIMERIE COOPÉRATIVE DE REIMS
Rue Pluche, 24 (E. Gény, directeur)

Quelques mots sur le Pèlerinage de saint Berthauld, à Chaumont-Porcien

Le pèlerinage de saint Berthauld, à Chaumont-Porcien, est un des plus anciens de la province ecclésiastique de Reims. Pour en trouver l'origine, il faut remonter au commencement du septième siècle, au jour du glorieux trépas de notre Bienheureux.

A partir de cette époque, les populations

se portent en foule à l'endroit où vécut saint Berthauld et où repose son corps.

C'est qu'une vertu vraiment divine en sortait pour procurer aux pieux solliciteurs, selon leur besoin : le soulagement dans les épreuves ; la consolation dans les afflictions ; la tranquillité et la paix dans les agitations de l'esprit ; la guérison dans les maladies ; et souvent la faveur la plus précieuse de toutes, la conversion, quelquefois même sans qu'elle fût demandée.

Tels étaient les heureux résultats d'une prière humble et confiante, résultats consignés dans des monuments incontestables, qui défient la critique la plus malveillante.

Si cependant, il y eut des temps où le pouvoir de saint Berthauld, toujours porté à soulager les maux de ceux qu'il aime, sembla s'amoindrir ou perdre de son action, c'est que l'affaiblissement de la foi, ou l'indifférence, presque aussi funeste, le réduisit à ne pouvoir l'exercer que rarement.

Rendons-nous dignes des grâces que saint Berthauld obtenait à nos pères, et il ne tardera pas à les répandre sur nous.

Ne sommes-nous pas en droit de les attendre, quand nous voyons, avec tant de bonheur, le culte de notre saint patron rentrer dans les cœurs, y grandir, et se manifester, chaque année, par une fête religieuse très-solennelle, où la piété le dispute à la charité dans un concert unanime de prières et de vœux.

Voilà ce que redira aux âges à venir un pieux sanctuaire, élevé par un chrétien généreux sur la montagne que saint Berthauld a tant de fois bénie ; là viendront de nombreuses et croyantes familles pour puiser dans un culte aimé la consolation, la force et l'espérance.

Litanies de saint Berthauld
En latin

Kyrie, eleison.
Christe, eleison.
Christe, audi nos.
Christe, exaudi nos.
Pater de cœlis, Deus, miserere nobis.
Fili, redemptor mundi, Deus, miserere nobis.
Spiritus Sancte, Deus, miserere nobis.
Sancta Trinitas, unus Deus, miserere nobis.
Sancta Maria, ora pro nobis.
Sancta Dei genitrix,
Sancta Virgo virginum,
Sancte Pater Berthalde,
Sancte Berthalde, imitator Jesu Christi,
Sancte Berthalde, Locorum Sanctorum visi-
    tator,
Sancte Berthalde, amator Crucis,
Sancte Berthalde, amator caritatis,
Sancte Berthalde, amator castitatis,
Sancte Berthalde, amator omnium virtutum,
Sancte Berthalde, pater amabilis,
Sancte Berthalde, pater admirabilis,
Sancte Berthalde, bone custos filiorum tuo-
    rum,

ora pro nobis.

Sancte Berthalde, benigne dilector proximorum tuorum,
Sancte Berthalde, fidelis ut Abraham,
Sancte Berthalde, obediens ut Isaac,
Sancte Berthalde, luctator ut Jacob,
Sancte Berthalde, castus ut Joseph,
Sancte Berthalde, contemptor mundi,
Sancte Berthalde, profligator dœmonum,
Sancte Berthalde, patrator miraculorum,
Sancte Berthalde, sal et decus morum,
Sancte Berthalde, sectator humanitatis,
Sancte Berthalde, speculum perfectionis,
Sancte Berthalde, regula paupertatis,
Sancte Berthalde, norma abstinentiæ,
Sancte Berthalde, flos pietatis,
Sancte Berthalde, lux devotionis,
Sancte Berthalde, lux orationis,
Sancte Berthalde, lux contemplationis,
Sancte Berthalde, forma pænitentiarum,
Sancte Berthalde, exemplum virtutum omnium,
Sancte Berthalde, protector ad te clamantium,
Sancte Berthalde, refugium miserorum,

ora pro nobis.

Sancte Berthalde, resuscitator mortuorum, ora pro nobis.
Sancte Berthalde, comes sanctorum omnium, ora pro nobis.
Agnus Dei, qui tollis peccata mundi, parce nobis, Domine.
Agnus Dei, qui tollis peccata mundi, exaudi nos, Domine.
Agnus Dei, qui tollis peccata mundi, miserere nobis.

℣. Ora pro nobis beate pater Berthalde;
℟. Ut digni efficiamur promissionibus Christi.

Oremus.

Omnipotens sempiterne Deus, qui per gloriosa sancti Berthaldi confessoris exempla humilitatis et paupertatis nobis triumphale iter ostendisti; da quæsumus, ut viam pænitentiæ salutaris, per quam ille venerabilis pater noster antecessit illæsus, ejus nos præclaris meritis adjuti, sine errore sequamur.

Per Christum Dominum nostrum.

Amen.

Litanies de saint Berthauld
En français

Seigneur, ayez pitié de nous.
Christ, ayez pitié de nous.
Seigneur, ayez pitié de nous.
Père céleste, qui êtes Dieu, ayez pitié de nous.
Fils rédempteur du monde, qui êtes Dieu, ayez pitié de nous.
Esprit-Saint, qui êtes Dieu, ayez pitié de nous.
Trinité sainte, qui êtes un seul Dieu, ayez pitié de nous.
Sainte Marie, priez pour nous.
Sainte Mère de Dieu,
Sainte Vierge des vierges,
Saint Berthauld, notre père,
Saint Berthauld, imitateur de Jésus-Christ,
Saint Berthauld, pèlerin aux Lieux Saints,
Saint Berthauld, amateur de la Croix,
Saint Berthauld, amateur de la charité,
Saint Berthauld, amateur de la chasteté,
Saint Berthauld, amateur de toutes les vertus,
Saint Berthauld, père aimable,
Saint Berthauld, père admirable,
Saint Berthauld, gardien fidèle de vos enfants,

priez pour nous.

Saint Berthauld, rempli d'indulgence et de dilection pour les pécheurs,
Saint Berthauld, fidèle comme Abraham,
Saint Berthauld, obéissant comme Isaac,
Saint Berthauld, fort comme Jacob,
Saint Berthauld, chaste comme Joseph,
Saint Berthauld, contempteur du monde,
Saint Berthauld, puissant contre les démons,
Saint Berthauld, qui opérez des miracles,
Saint Berthauld, sagesse et ornement de la vie,
Saint Berthauld, ami dévoué de tous les hommes,
Saint Berthauld, miroir de perfection,
Saint Berthauld, règle de pauvreté,
Saint Berthauld, modèle d'abstinence,
Saint Berthauld, fleur de piété,
Saint Berthauld, lumière de dévotion,
Saint Berthauld, lumière d'oraison,
Saint Berthauld, lumière de contemplation,
Saint Berthauld, parfait pénitent,
Saint Berthauld, exemple de toutes les vertus,

priez pour nous.

Saint Berthauld, protecteur de tous ceux qui ont recours à vous,
Saint Berthauld, refuge des malheureux,
Saint Berthauld, qui avez ressuscité des morts,
Saint Berthauld, compagnon de tous les saints,

priez pour nous.

Agneau de Dieu, qui effacez les péchés du monde, pardonnez-nous, Seigneur.
Agneau de Dieu, qui effacez les péchés du monde, exaucez-nous, Seigneur.
Agneau de Dieu, qui effacez les péchés du monde, ayez pitié de nous, Seigneur.

℣. Priez pour nous, bienheureux Berthauld;
℟. Afin que nous devenions dignes des promesses de Jésus-Christ.

Prions

Dieu tout-puissant et éternel, qui, par les glorieux exemples de saint Berthauld, confesseur, nous avez montré le chemin triomphant de l'humilité et de la pauvreté, accordez-nous, qu'aidés par les puissants mérites de notre saint père, nous suivions, sans nous égarer, les sentiers de la pénitence salutaire, où il nous a devancés, sans atteinte du mal; nous vous en prions par Notre-Seigneur Jésus-Christ. Ainsi soit-il.

Prière à saint Berthauld

Grand saint, notre vénéré patron, vous avez été choisi de Dieu pour annoncer la bonne nouvelle de l'Evangile à nos pères ; de païens qu'ils étaient, vous en avez fait, par les longs travaux de votre apostolat, les vrais enfants de l'Eglise.

Durant près de treize siècles, par des bienfaits que nous ne saurions assez reconnaître, vous n'avez cessé de bénir et de protéger les générations qui se sont succédé dans ce pays ; et à cette heure, nous sommes certains que vous nous aimez : c'est ce qui nous comble de joie et excite notre confiance.

O bienheureux père, obtenez-nous à tous une foi généreuse ; aidez-nous à faire régner dans nos cœurs l'amour de Dieu et de Notre-Seigneur Jésus-Christ ; que notre mère la sainte Eglise trouve toujours en nous le dévouement et l'obéissance, en particulier la fidélité aux devoirs de la sanctification du Dimanche et de la communion pascale!

Bénissez toutes les familles de cette paroisse! Ce n'est pas assez, prenez-les sous votre protection particulière ; éloignez-en tous les accidents, le péché surtout, qui les souillerait et les rendrait malheureuses ; enfin, faites régner parmi elles les vertus qui sanctifient les âmes, et donnez-nous à tous, aux pères et aux enfants, le vrai bonheur, le bonheur d'une vie chrétienne dans l'attente de l'éternelle félicité !

Ainsi soit-il.

Cantique en l'honneur de saint Berthauld

Refrain

Gloire au patron de nos contrées,
A notre apôtre, à saint Berthauld !
De ses reliques vénérées
Entourons le sacré dépôt.

I

Enfants des monarques d'Ecosse,
Il préfère au sceptre des rois,
Dans l'élan d'un amour précoce,
Le sceptre de Jésus, la Croix.
Il traverse l'Europe entière,
Il va vénérer les Lieux Saints ;
Interrogé dans la prière,
Dieu lui révèle ses desseins.

II

Loin de la maison paternelle,
Amand part d'Ecosse avec lui :
Pour courir où Dieu les appelle,
Sans hésiter tous deux ont fui.

D'une planche l'abri fragile
Les porte au rivage gaulois ;
Pour les conduire à leur asile,
Un lion est sorti des bois.

III

L'enfer, les hommes, la nature
De Chaumont disputent l'abord ;
Mais du ciel la victoire est sûre,
Et Berthauld sera le plus fort.
Devant lui tombent les obstacles,
Ses vertus touchent les païens,
Ses mains opèrent des miracles,
Et nos aïeux se font chrétiens.

IV

Des Francs alors vivait l'Apôtre,
Et Berthauld visita Remy ;
Un saint en reçoit bien un autre ;
De Remy Berthauld fut l'ami.
Dans Reims il se livre à l'étude,
Il est fait prêtre du Seigneur,
Puis retourne en sa solitude
Pour y jouir de son bonheur.

V

Tandis qu'en sa sainte retraite,
Il prêche le Sauveur Jésus
Cinquante ans ont blanchi sa tête
Et fortifié ses vertus.
Averti de l'instant suprême,
Sans trouble il prend congé d'Amand,
Et dans les mains du Dieu qu'il aime
Remet son esprit doucement.

VI

Votre passage sur la terre,
Grand Saint, purifia ces lieux ;
Votre influence salutaire
S'exerce encor du haut des cieux.
Les dons que notre foi réclame,
Prodiguez-les en ce beau jour ;
Et qu'ici pas une seule âme
De Jésus n'ignore l'amour.

Vu et permis d'imprimer.

† R. M., Arch. de Reims.

Reims, le 13 Juin 1877.